www.ingramcontent.com/pod-product-compliance
Lightning Source LLC
Chambersburg PA
CBHW072218170526
45158CB00002BA/658
* 9 7 8 1 0 8 1 5 2 2 3 8 4 *